Académie des Jeux Floraux

EN WAGON
DE
TOULOUSE A ROME,

Lu en séance particulière;

Par M. le Cte Fernand de RESSÉGUIER,

Un des quarante Mainteneurs.

---

13 décembre 1878.

Aujourd'hui que tout le monde a été partout, ce serait une grande prétention que d'écrire un voyage. — Non-seulement tout a été vu, mais tout a été décrit. Les impressions, les admirations, les enthousiasmes qu'excitent ou que doivent exciter la vue des lieux et le spectacle des mœurs ont été si abondamment recueillis et si bien notés qu'il n'y a plus rien à glaner.

On peut, avant de se mettre en route, acheter à bas prix et mis en un volume portatif l'itinéraire de la route, la description des merveilles qu'elle offrira, et apprendre à se tenir convenablement ému et suffisamment ébloui ou charmé en face du Vésuve en éruption, ou des charmants paysages du lac de

Côme. — Le tout est de bien savoir par cœur son guide Joanne, de ne pas se tromper de page et de placer avec discernement les différentes formules mises à votre disposition, depuis joli, charmant, jusqu'à splendide, et peut-être même *shoking*. — Ce serait cependant se priver d'une grande joie que de ne point se raconter à soi-même ses aventures authentiques et personnelles. Il est si vrai qu'on jouit d'un voyage au moins autant par le souvenir qu'il laisse que par l'émotion momentanée qu'il a fait naître! Pour qu'il soit complet, il faut se donner l'occasion de le refaire un jour par la pensée et de retrouver la trace de ses pas lorsque la vie sédentaire se sera de nouveau emparée de nous.

D'ailleurs, on a beau écrire; les revenants de l'un et de l'autre monde ont beau nous dire leurs contes, par suite des révolutions accomplies en ces dernières années, bien des pays ont changé d'aspect. Ainsi l'Allemagne, ainsi l'Italie morcelées et divisées toutes deux naguères, unifiées toutes deux aujourd'hui en deux grands empires, n'ont plus la même physionomie. La géographie n'est plus la même, les centres sont devenus des rayons; des capitales vivantes et séculaires qui retenaient l'étranger chez elles, par l'attrait qu'offraient des cours princières et une aristocratie locale sont devenues de solitaires villes de province. On les visite à la hâte, on ne les habite plus. Si les lieux et les horizons restent les mêmes, les événements ont profondément altéré le caractère de ces contrées. Les bases sur lesquelles elles se reconstituent sont plus ou moins éphémères, mais elles sont certainement toutes nouvelles.

Je me réfugie donc dans mon carnet, et j'y vais

inscrire modestement d'un côté la dépense de ma route, de l'autre la recette de mes impressions.

Parti de Toulouse, le 12 décembre 1878, à onze heures du soir, par une pluie froide et pénétrante, je me réveille sur les bords de la Méditerranée, par une belle matinée d'hiver. Quel dommage d'être pressé ! Nîmes avec ses souvenirs antiques et ses monuments si admirablement conservés serait une si bonne préparation à un voyage outre-monts. Arles, Orange, Avignon, Fréjus, Marseille elle-même fourniraient une préface historique, religieuse et administrative, excellente pour entrer en campagne. Mais je suis appelé en Italie, je n'ai que le temps de présenter mes excuses à notre belle Provence, et en trois jours je vais dévorer cette distance, regardant par la portière de mon wagon, et ne me donnant d'autre répit que celui qu'exige le changement des trains et quelques couchées indispensables. — On pourrait à la rigueur aller plus vite encore, arriver comme une lettre en trente-huit heures, en attendant qu'on découvre le moyen de courir en quarante minutes, comme une dépêche sur le fil électrique. Ce progrès n'étant pas encore réalisé, je me contente du *rapide* qui me fait franchir 644 kilomètres en quatorze heures et je m'arrête à Nice.

Nice est charmante à voir. Assise aux pieds des Alpes qui lui servent de rempart et qui la mettent en espalier, elle se chauffe au soleil et se rit des rigueurs de l'hiver. — Son climat, que ne justifierait peut-être pas sa latitude, est doux comme celui de Naples, et elle a sur Naples l'avantage d'être à portée de l'Europe centrale. L'accès en est si facile qu'on s'y rend en quelques heures de Londres, de Paris ou de Berlin. On y entend tout ce qui se passe dans le monde civilisé : toutes les nationalités y sont représentées. Elles y forment des groupes qui se mêlent, se fréquentent, mettent en commun leur diversité, et donnent à l'existence l'allure des salons d'une capitale jointe au laisser-aller de la vie des eaux. On y trouve à la fois toute l'animation factice d'une saison d'hiver et toutes les réalités naturelles d'un printemps que le bon Dieu vous offre en plein mois de décembre. Italienne par son langage qui n'est cependant pas encore de l'italien et qui n'est plus du provençal, Nice est, par sa population cosmopolite recrutée sur tous les points du globe, une ville essentiellement universelle. Les Anglais viennent s'y épanouir, les Russes s'y dégeler, les riches ou les blasés y cherchent les émotions du jeu ou de la nature, et les vieux et les malades s'y ravivent et s'y rajeunissent sous l'influence bienfaisante des tièdes haleines du Midi.

Elle était il y a peu d'années encore une station agreste et pittoresque en pleine nature et en simple déshabillé du matin. La vie y était libre et facile. On la traversait en chaise de poste, et l'on s'y arrêtait un instant avant de gravir la célèbre et périlleuse corniche suspendue dans les airs, qui conduisait à Gênes. On n'y hivernait que par ordre de la Faculté, lorsqu'on était bien réellement atteint et convaincu d'une bonne phthisie caractérisée ou d'un rhumatisme chronique et rebelle. Avec Venise et Pise elle partageait cette spécialité de triompher des maladies de poitrine. Menton, Cannes, Hyères, Saint-Remo n'étaient point encore inventées, et ne s'étaient pas posées en sœurs hospitalières rivales. Aujourd'hui la côte entière qui du golfe Juan s'étend jusqu'aux portes de Savone est une vaste infirmerie européenne. La moindre bourgade abritée dans un repli du rivage se dit être la meilleure des stations d'hiver, la seule où il ne gèle jamais, où il ne neige pas, où le vent du nord est inconnu et où par conséquent les malades guérissent infailliblement. Nice paraît avoir renoncé à ce vieux privilége. Je ne vois pas trop le lieu paisible où vivraient en repos de vrais malades au milieu du tohu-bohu et de l'agitation incessante de tous les gens si bien portants qu'on y rencontre. Je constate, en outre, qu'aujourd'hui 13 décembre, il gèle, et j'appelle en témoignage le thermomètre qui ne sait pas mentir; il est descendu à 4 degrés au-dessous de zéro.

Comme les villes nouvelles qu'adopte la mode et qu'enrichit l'or de l'univers entier, Nice a perdu son originalité native. Avec cette servilité inexplicable qu'ont toutes les cités de ressembler à Paris, les édiles niçois ont copié les boulevards, les platanes, les arcades de la rue de Rivoli et la devanture des grands magasins. Pour un peu ils auraient fait venir aussi la Seine elle-même et le ciel gris par dessus le marché! — Omnibus, tramways, landaus, chaises roulantes circulent à l'envi, de la promenade des Anglais au quai Maritime. Les hôtels sont spacieux, les villas élégantes et royales. Une fenêtre au midi, l'ombrage d'un palmier, la vue de la mer se payent à beaux deniers comptant, car l'air, la flore, le soleil sont mis en commandite avec un grand talent, et il faut reconnaître que les 50,000 habitants sédentaires qui reçoivent à Nice la population flottante et étrangère lui font bonne mine, mais la lui font aussi payer sans scrupule et sans merci.

Ces transformations si fréquentes de nos jours, qui font passer petites capitales des villes de quatrième ou de cinquième ordre, comme des grisettes qu'un mariage aventureux fait monter en carrosse blasonné, leur laissent aussi le caractère des parvenus. — On ne se sent pris pour elles d'aucune sympathie profonde. Ce n'est point le temps ou la tradition qui ont élevé ces édifices. Tout est neuf et sans caractère. On y a construit des églises selon toutes les croyances, russes, ritualistes, méthodistes, évangéliques, comme on y a installé des bains chauds, des bains froids, et un skating pour la plus grande gloire des étrangers. On y chercherait en vain une population homogène et reflétant une nationalité. Sceptique et railleuse, Nice crie vive l'impératrice de Russie quand Sa Majesté y vient porter de l'or, ou vive le papa du citoyen Gambetta lorsqu'elle espère en obtenir quelque faveur. Tout cela se calcule par doit et avoir, et le patriotisme n'a que faire ici. Que Nice redevienne italienne ou qu'elle reste française, peu lui importe, pourvu qu'elle continue à grandir, à écorcher ses étrangers, et à vivre de son beau soleil!

Ce soleil n'est pas celui de tout le monde. — Il faut aller le voir plonger son disque d'or dans cette belle plaine liquide qui s'étend devant nous. Venez avec moi sur cette promenade incomparable bâtie comme un quai, tout le long de ce rivage et plantée de palmiers. Nice reprend ici tous ses droits. Il n'y a plus de copie, l'homme abdique, la nature seule règne. Oubliez ces grands hôtels, ces tables d'hôtes assommantes où des garçons suisses en habit noir et en cravates blanches vous servent un dîner splendide qui vous nourrit si mal, et savourez à longs traits cette Méditerranée sereine avec ses flots bleus, son horizon illimité, la voix mélodieuse de ses vagues amollies et ses barques de pêcheurs qui sillonnent le golfe; enivrez-vous de ce spectacle; humez ces senteurs marines et ces arômes balsamiques qui se dégagent des fleurs ou des arbustes. Puis prolongez la promenade, si facile le long de cette côte qu'on ne compte plus les kilomètres, et doublez le massif de rochers qui sépare la ville du port; vous retrouverez alors dans sa simplicité naturelle la Nice des anciens jours, vous échapperez à la mise en scène artificielle pour jouir en pleine liberté du charme des sites et du pittoresque effet des silhouettes, vous les verrez se profiler sur le ciel, mêler leurs teintes d'opale aux tons gris de la végétation africaine et du rouge horizon, — tandis que le soleil disparait dans les flots !

14 décembre 1878.

Je quitte Nice par un train qui part à 10 heures du matin et qui emmène tout un essaim de touristes bariolés et remuants. Heureux et insouciants mortels! Ils vont se promener sur la côte, prendre l'air et jouir du beau temps. — Ils causent du bal de la veille, du coup de banque que leur a servi le croupier de *Monte-Carlo*. Ils ont soif de perdre ce qu'ils ont gagné, — quelques-uns même de regagner ce qu'ils ont perdu, et débitent mille folies! — A l'arrière de notre compartiment et dans le même wagon se trouve aussi un *coupé-lit*. Là se blottit, hermétiquement calfeutrée, couverte de châles et de fourrures, une jeune femme malade accompagnée de sa mère, qui va demander non point de l'or, mais de la santé à ce climat généreux. La pâleur du visage, la maigreur des petites mains et l'ardeur du regard laissent peu de doutes sur le caractère du mal qui oppresse cette poitrine! — Ainsi va le monde, ainsi va le train, plein de contrastes, emportant l'espérance des uns et les craintes mortelles des autres : ceux-ci en pleine exubérance de jeunesse et de vie, les autres à bout de forces et d'haleine !

Quant à moi, je continue mon grand voyage les yeux fixés sur les dehors de la scène, la pensée retournée en dedans, tout entière à de chers absents.

Ce n'est point en wagon qu'on devrait faire cette partie du voyage. C'est à pied ou en calèche découverte, une ombrelle d'une main, un crayon dans l'autre. Le progrès des lumières qui a inventé les locomotives vous vole outrageusement le plus clair des jouissances que vous vaudrait ce charmant parcours. On regrette le temps fabuleux des voiturins et des voyages interminables. Cette côte valait bien le risque de quelques mauvais soupers, de quelques chutes et même de quelques brigands!

Le railway court le long du rivage, il côtoie incessamment la mer, toutes les fois qu'il ne s'enfonce pas dans la roche des promontoires. Il entre de force ou familièrement dans les petites villes, leur jette en sifflant des étrangers et de quoi les faire vivre, et emporte en échange des mandarines, des olives et des fleurs, seuls produits, seule ressource de ces contrées, auxquelles Dieu a refusé le nécessaire et prodigué l'agréable.

A chaque instant le point de vue change, l'horizon se rétrécit ou s'élargit. Le tableau est tour à tour encadré ou illimité. La côte est si étroite et si abrupte et les flots de la mer si rapprochés qu'on pourrait de ma place y pêcher à la ligne. La mer est si bénigne et si facile, si pleine de mollesse et si apprivoisée qu'on la prendrait pour un lac, n'était son immensité. — La végétation descend jusqu'au bord. Ce sont des oliviers qui n'ont plus la mine chétive et court taillée des oliviers de la Provence, mais de grands arbres libres et bien portants; ce sont des palmiers élancés et empanachés qui étonnent toujours et qu'on regarde comme des orientaux dans leur costume national; ce sont des nefliers du Japon couverts de fleurs et pleins de parfum; ce sont des rosiers aux fleurs éternelles qui forment des haies ou qui grimpent sur les maisons, ou bien ce sont des bosquets d'orangers. En les voyant si beaux, si luxuriants, chargés de leur feuillage foncé et de leurs fruits d'or, comment ne pas envoyer un souvenir mélancolique aux orangers que je conserve à si grands frais chez moi, dans mon jardin? Pauvres exilés que je condamne tout l'hiver à séjourner dans une infirmerie botanique, et qui, prisonniers une partie de l'année, rêvent dans leurs caisses vertes de terre natale et de liberté! — Combien un voyage en Italie leur ferait de plaisir et leur ferait de bien! — Et lorsque le rocher rouge et nu ne permet plus aux arbres de pousser, c'est le grand aloès aux feuilles larges et grasses qui s'empare du sol et qui lance dans les airs sa tige effilée au départ et branchue au sommet comme un candélabre égyptien.

Nous n'avons plus que quelques minutes à passer en France, et dans quelques minutes nous y serons rentrés de nouveau.—C'est, qu'en effet, nous avons la lilliputienne principauté de Monaco à traverser.

A ce point du voyage, on ne se sent plus tout à fait dans un pays réel. On se demande si tout ce que l'on voit n'est point un mirage ou une scène d'opéra-comique. — Cette ville idéale de Monaco, sur un rocher dominant la mer, avec son château et ses murs crénelés, son petit monarque, son petit port, sa demi-douzaine de canons, ses souvenirs historiques et funambulesques où Rabagas a joué un rôle, tout cela semblerait un rêve, si un vrai gendarme en bottes et en uniforme représentant les armées de terre et de mer de S. A. Charles-Honoré, prince de Monaco, ne vous obligeait à être sérieux.

Il y aurait beaucoup à dire sur Monaco. Si toutes les monarchies ressemblaient à celle-ci, cet échantillon ne suffirait peut-être pas à accréditer le développement de cette forme de gouvernement.— Comment, en effet, ne pas éprouver un sentiment de profond dégoût pour cet établissement de Monte-Carlo, moitié féerie et moitié tripot, qui constitue la source la plus productive des revenus du prince, maison de jeu entourée de toutes les séductions du luxe et de la licence? Ce Casino est certainement unique en Europe.—Tout y est calculé pour enchanter les yeux, amollir les âmes et éventrer les bourses. Les sept péchés capitaux y entrent la tête haute.

Les fleurs du mal s'y épanouissent à côté des fleurs naturelles, car la nature elle-même y est rendue complice inconsciente de la plus révoltante immoralité. Les petites dames circulent sous des bosquets de camélias. Les vieilles joueuses maigres et attifées y coudoient des écervelés et des vieillards livides que l'âge et que l'amour de l'or font trembler. A côté d'un théâtre splendide qui a coûté des millions, des hôtels somptueux où Crésus et Lucullus se donnent rendez-vous, et tout auprès de ces temples de la gourmandise et de l'ivresse, le Palais du trente-et-quarante bat monnaie et fait les affaires du prince de Monaco.

Que si par hasard une détonnation se fait entendre, ne vous troublez pas ; écoutez la valse de Strauss, qu'exécute l'orchestre ; c'est une mine qui fait éclater le rocher dans le voisinage, ou bien, c'est un joueur décavé qui, suivant l'expression consacrée, se fait sauter le plafond !

Ici tous mes compagnons de voyage descendent précipitamment et me laissent seuls dans mon wagon. Je poursuis donc ma route solitaire, franchis sans m'en douter la frontière française, et fais connaissance avec les douaniers du roi Humbert. C'est à Vintimille qu'a lieu cette formalité. Elle n'a rien de désagréable. La courtoisie et la tolérance des employés l'adoucit singulièrement. Je constate seulement un phénomène particulier : l'heure du chemin de fer change tout à coup. Nous vivions ma montre et moi tranquillement sur l'heure de Paris. Nous sommes contraints d'adopter brusquement celle de Rome. Je perds à cette opération près d'une heure d'existence. En revanche, chose plus rare, l'argent augmente de valeur, ou plutôt l'or et l'argent disparaissent entièrement de la circulation et sont remplacés par les assignats sales et repoussants qu'émettent les banques nationales. On y gagne 10 p. 0/0, c'est-à-dire que 20 francs métalliques vous donnent droit à 22 livres de papier. Me voilà donc en une minute plus riche d'un dixième, mais plus vieux d'une heure, c'est une compensation. L'Italie serait vraiment trop privilégiée si elle pouvait à la fois allonger l'existence et augmenter les moyens de la rendre agréable.

A peine à l'étranger, le confort, la propreté, l'élégance que la France imprime à ses installations et à ses édifices vous abandonnent brusquement. Quoique nous nous rapprochions du pays où le savon a été inventé, les indigènes ont l'air de ne le point connaître. Le pittoresque seul subsiste et vous captive. La côte est de plus en plus abritée, l'air plus tiède, et malgré le grand manteau de neige qui recouvre les montagnes, on se croirait au printemps. Voici ces forêts et ces pépinières de palmiers si célèbres, où l'on prépare les palmes du dimanche des Rameaux de toute l'Europe et de Rome elle-même. Une légende bien connue qui se rattache à l'érection de l'obélisque de la place du Vatican, sous Sixte V, se présente à la mémoire.

Le nom de chacune des stations du chemin de fer m'arrive avec son éclat sonore et sa désinence étrangère. Ces voyelles retentissantes que la langue italienne place à la fin des mots ont un grand charme pour l'oreille et paraissent appropriées à ce joli climat où tout brille et où tout a de l'harmonie.

J'en ramasse le long du rivage quelques échantillons. Ils me frappent comme des coquillages ou comme des notes de musique : San Remo, Oneglia, Pietra Ligure, Diana Marina, et je les envoie à un de mes amis qui habite Escanecrabe dans le département de la Haute-Garonne.

De certains de ces noms, d'Abenga particulièrement, les armées françaises, sous la conduite de Masséna, ont fait des noms de victoire en des temps plus héroïques que les nôtres. De tels autres, de Savone, vous reviennent les images plus tristes de la captivité de Pie VII et le bruit de plusieurs siéges et d'un bombardement. Plus loin vous saluez Cogoletto une des villes qui s'honore d'avoir donné naissance à Christophe Colomb. Je dis une des villes.— Pourquoi pas? Les grands hommes ont de ces priviléges. Homère est né, dit-on, dans plusieurs villes de la Grèce, et l'on montrait naguères à Rome, au Panthéon et à l'académie de Saint-Luc, deux crânes de Raphaël. — L'un, disait le guide, est le crâne de Raphaël à 37 ans, l'autre le crâne de Raphaël enfant : mais cette légende, un peu trop... crâne sans doute, a disparu du répertoire.

De plus en plus commerçant, de plus en plus peuplé et constamment percé de tunnels, se montrent le pays et le chemin. On passe rapidement coudoyant des villes et des maisons de campagne. A droite et à gauche ce ne sont que villages et que bourgades de pêcheurs, où chaque habitant possède un bateau et un quinconce de citronniers. Les uns sont accrochés à un cap, les autres sont allongés mollement sur la grève, et je remarque beaucoup d'enfants et de charmants visages sur le seuil de ces demeures rustiques. Cette richesse en vaut bien une autre.

Que se passe-t-il dans toutes ces ruches humaines? — De quels rêves ou de quelles réalités vivent les gens qui les habitent? Cette interrogation se présente naturellement à l'esprit du passant. Elles sont si coquettement posées, qu'on se les figure toutes heureuses. Toutes les femmes y sont jolies, toutes sont jeunes, tous les hommes excellents. Pas de notaires, pas de procès, pas d'intrigues, pas de politique, pas d'ennuyeux, et pas de pauvres. Comme il serait tentant d'aller vivre dans un pays semblable!

Hélas! là comme ailleurs, la vie a ses douleurs et ses épreuves. — Dieu nous mesure à tous les mêmes soucis et les mêmes joies, les mêmes pentes à gravir ou à descendre. Là comme ailleurs, il y a du pain noir et des pâtes fines; là comme ailleurs, on aime et on hait, on fait le bien et on fait le mal, on blasphème et l'on prie; là comme ailleurs, les cyprès et les croix de bois des cimetières se chargent de me le dire, on meurt; et la vie est un train plus rapide encore que celui qui m'emporte!

L'irruption bruyante dans mon wagon d'un jeune ménage m'arrache à ces pensées. — Dans une fraîche et pimpante toilette de voyage de jeunes apprentis de la vie conjugale s'emparent du compartiment. A la naïveté des attitudes, à l'abandon des poses, à la recherche mignonne des petits paquets, à l'empressement du mari et aux mines enfantines de la voyageuse, il n'est pas difficile de deviner leur secret. C'est une lune de miel qui poursuit son cours en voyage circulaire. — Heureuses gens!

On rencontre ainsi beaucoup de jeunes époux en Italie, en train de s'essayer à la vie à deux. Dans tous les pays, c'est aujourd'hui la mode. Sitôt la bénédiction nuptiale reçue, on part pour Rome et Florence; on va soi-disant visiter l'Italie en courant de ville en ville, s'asseyant à toutes les tables d'hôte, et mettant à contribution les mobiliers de hasard des Locande de la Péninsule. — Je conviens qu'il doit être charmant pour une jeune paire de déployer ainsi ses blanches ailes et de préluder à la vie casanière par un vol en pleine liberté sur cette terre facile et souriante. Mais est-ce bien là, au point de vue du bonheur et de l'avenir, un calcul bien entendu? — Ne vaudrait-il pas mieux réserver les premières et ardentes bonnes volontés du mariage pour affronter ensemble les conditions de la vie nouvelle dans laquelle les jeunes époux vont se trouver? — Connaître ses beaux parents, sa famille adoptive, le caractère des collatéraux et des ascendants, le cadre dans lequel on va désormais se mouvoir, me semblerait plus utile que de regarder d'un air distrait et parfois ennuyé des galeries ou des effets de paysages, fût-ce les Uffici de Florence, fût-ce la lune se levant sur le Colysée! Il est moins pénible parfois de monter au Vésuve que de surmonter le caractère d'une belle-mère; plus embarrassant de diriger une maison et d'improviser un menu que de trouver son dîner tout prêt au premier restaurant venu. Par le fait du voyage, toutes les difficultés ne sont qu'ajournées. Elles se retrouveront au retour, et alors qui peut dire si la comparaison de cette vie idéale, aventureuse, sans gêne, sans sujétion, ne fera pas paraître bien lourd, bien monotone, bien rétréci le ciel, l'existence et l'horizon ? Qui sait si l'histoire venant après le roman ne gâtera pas le roman, et si les acteurs du roman lui-même retombant sur la réalité brutale et les devoirs sérieux, ne regretteront pas d'avoir mangé inconsidérément leur pain blanc d'avance et de n'avoir pas réservé ce charmant voyage comme une ressource pour un jour d'épreuve et comme un moyen de prolonger, *in extremis*, les rèves et les douceurs des premières années ?

Décidément, je plains un peu ce jeune couple ainsi déniché, qui s'en va volant de branche en branche sans regarder ce qu'il serait si intéressant de voir, sans admirer ce qui réchauffe l'âme, sans paraître comprendre ce qui, à une meilleure heure, serait un prolongement de félicité et un développement de l'existence. — Il est vrai que de son côté ce jeune couple regarde du coin de l'œil ma barbe grise et me plaint à son tour. Il a pour lui la jeunesse, il file à tire d'aile dans un pays enchanté d'où je suis revenu; ses illusions ou ses rèves valent peut-être bien mes rhumatismes et mes moralités ?

Après quoi, ne voulant pas gêner ces charmants tourtereaux, je me blottis dans mon coin et ne tarde pas, la nuit étant venue, à m'endormir.

Gênes, 15 décembre 1871.

Lorsqu'on arrivait jadis à Gênes par mer et que les bateaux à vapeur avaient le privilége de transporter le plus grand nombre des voyageurs venant de Marseille, l'entrée dans cette magnifique rade était réellement une des grandes impressions de ce beau voyage. Cette réunion de palais et de terrasses superposées du bord de la mer au sommet de la montagne ; l'éclat que jetaient aux yeux les murs peints à fresque, les portiques, les dômes, les aiguilles dorées, les campaniles, la forteresse et les rochers eux-mêmes était incomparable. Gênes apparaissait dans sa gloire et justifiait à première vue son titre de superbe ! On eût dit un magnifique diadème posé sur le rivage en pleine lumière et se mirant dans les flots. Il est vrai qu'une déception relative ne tardait pas à se produire. En effet, je ne connais pas de ville où l'art ait entassé plus de palais, plus d'églises, plus de monuments remarquables, se soit plus prodigué, et se soit cependant plus sacrifié en pure perte. L'absence complète de plans horizontaux, l'étroitesse des rues, cette lutte désespérée de tous ces édifices demandant de l'air, cherchant à se surpasser les uns les autres, comme des arbres dans une forêt, les abords humides et gluants de ce port clos et fermé qui vous prive de la vue et du mouvement pittoresque de la mer ; un sentiment de fatigue et de gêne, soit dit sans jeux de mots, qui tient à ce que l'espace manque, à ce que tout est en pente, à ce que tout domine et surplombe, faisaient tomber bien vite certaines illusions et faisaient regretter que la grande République si puissante sur mer fût si mal à l'aise sur terre et si étroitement logée.

Ces grands Génois aux coffres pleins et aux ambitions d'enrichis qui, moyennant finance, se procuraient toutes choses ; achetaient leurs marquisats chez Charles-Quint ; faisaient portraicturer leurs enfants par Van Dick ; garnissaient leurs caves sur les coteaux de Chypre et faisaient venir de Flandre ou d'Orient leurs tapisseries et leurs diamants, ne doutaient vraiment de rien. — Ils voulaient, coûte que coûte, élever une ville resplendissante qui fît pâlir Milan, oublier Florence, et qui surtout rendît Venise jalouse, et aussitôt ils appelaient chez eux de Pérouse l'architecte Galeozzo Alessi, et à coups de ducats et de génie il fallait égaler l'Ammanati et surpasser Bramante et Sansovino. Seulement où trouver dans l'étroit espace qu'occupe Gênes de quoi épanouir et commodément établir une grande ville? — Il eût fallu démolir l'Apennin tout entier, et la sérénissime République avait ailleurs l'emploi de sa poudre. L'artiste recula donc devant cette tâche, il fit en hauteur ce qu'il ne pouvait faire en étendue. Il multiplia les étages, superposa les voûtes et créa ces merveilleux palais aériens qui seraient sans défaut, si au lieu d'y monter on y pouvait toujours descendre, car si beaux que soient ces escaliers géants, si insensibles qu'en soient les rampants, si trompeurs que soient les paliers et les courbes, — deux cents marches à gravir sont toujours une épreuve pour les poumons et pour les jarrets.

Aujourd'hui le chemin de fer vous introduit furtivement dans la cité des Doges. Le train sort de la roche comme pourrait le faire une fontaine, et jaillit en pleine gare sur la place de l'Acqua Verde, aux pieds de la statue récemment érigée de Christophe Colomb. Si l'on y perd ce premier moment d'enthousiasme fiévreux que vous donnait l'ancienne arrivée maritime, on y gagne de voir se dérouler sur-le-champ les grandes artères magistrales et de se trouver introduit sans contraste au plus beau point de la cité. — Vous voilà libre de circuler, de gravir lentement et sans trop de peine ces pentes ménagées avec art et de faire connaissance avec ces rues bordées de palais qu'anime une population vive, loquace, toute à ses plaisirs et à ses affaires. Ou si mieux vous aimez, vous pouvez encore descendre vers la poétique et vieille cathédrale qui vous rappellera nos églises gothiques, ou chercher la vue admirable et sans limite dont on jouit de la promenade de l'Acqua Sola ou de Sainte-Marie de Carignan.

C'est de là que ces armateurs millionnaires voyaient revenir cinglant vers le port, pavoisées des bannières des Doria ou des Sauli et chargées des riches cargaisons du Levant, leurs flottes heureuses. C'est de là que le peuple saluait avec ivresse le retour triomphant de ces escadres qui régnaient sur l'Arménie et la Crimée, et qui luttaient d'influence avec le croissant ou le lion de Saint-Marc.

De tous ces souvenirs de grandeur, de toute cette histoire guerroyante, de cette république fastueuse, il ne reste plus que le cadre, cadre admirable, sanctuaire de l'art, modèle inépuisable de lignes savantes, de portiques élégants, de *loggie* spacieuses, de palais aux colonnes de marbre, aux voûtes et aux voussures dorées, et habitées encore par les héritiers de ces grands noms. Tous ces grands seigneurs génois sont, en effet, loin d'être déchus ou ruinés, on en voit comme le duc de Galliera léguer en mourant vingt millions à leur ville natale, et cela sans s'appauvrir. Mais malgré ces exemples difficiles à imiter, l'aristocratie de Gênes fait peu de bruit, et Gênes elle-même en fait moins encore. — Elle voit de jour en jour s'éloigner d'elle les grands courants du commerce. Placée entre les voies rapides qui relient l'Orient à Marseille et à Brindisi, elle est réduite au rôle secondaire d'un port de la Ligurie, auquel l'ouverture prochaine du Simplon réserve peut-être un sort meilleur.

Cette décadence commerciale, qui n'est appréciée que par la statistique, n'est pas ce qui frappe le touriste. Il voit assez de vaisseaux, assez de chalands et assez de *facchini* pour être sans inquiétude. Un vide bien plus grand, une lacune bien plus sensible l'attend au Palais Ducal. A juger de l'importance du chef de l'Etat génois par sa demeure, ce ne devait pas être un si petit personnage ! — Le Président de Brosses dit dans ses Lettres : « C'est un fort méchant emploi que celui de Doge. Pendant les deux » ans qu'il conserve sa dignité, il ne peut mettre le » pied hors de chez lui sans permission. Cette place » rend 4,500 livres de rente. » En effet, il fallait être un Durazzo, un Contarini ou un Doria pour s'en accommoder et en soutenir l'éclat. Chacun se rappelle que lorsque Louis XIV demandait au Doge de Gênes quelle était la chose la plus remarquable qu'il trouvait à la cour de Versailles, celui-ci répondait : « C'est de m'y voir ! » Les Présidents de nos républiques modernes n'auraient peut-être pas mieux trouvé.

Comme toutes les villes découronnées d'Italie, comme Ferrare et Naples, comme Florence et Turin elle-même, Gênes a des manières d'être de ville souveraine. L'atmosphère qui l'environne annonce un astre et non un satellite, et avec ses airs de veuve en grand désir de contracter un nouvel hymen, on sent qu'elle est quelque peu froide et dédaigneuse pour ces petits préfets qui la gouvernent, et dont la taille ne va pas à la cheville de ses anciens Doges. Et cependant elle se laisse faire. Cette situation et cette attitude est celle de tous les grands centres de la Péninsule. Tous regrettent le passé, tous souffrent du présent, tous sont humiliés ou amoindris; certains même sont ruinés, témoin Florence où 3,600 poursuites en expropriation ont été intentées cette année à des propriétaires de maisons ne pouvant payer l'impôt, — et cependant tous sont à la remorque de ce fantôme mal venu, mal soudé, fait de fraude et d'utopie, que l'on nomme le royaume d'Italie.

La nature physique de la botte italienne, on l'a souvent dit, proteste contre cette pensée unitaire. Tout a été disposé pour que ce pays fût divisé. Les montagnes ont tracé ses limites et marqué ses régions diverses. Les dialectes y sont différents. Les aspirations du Midi contrarient celles du Nord. Naples et Turin, Palerme et Milan font plus que se jalouser, elles se mésestiment, les impôts sont accablants, la fortune nationale languit, les intérêts religieux sont en grand péril, la presse locale y vit de doléances, et cependant rien ne fait encore comprendre que l'heure soit venue pour cette terre unifiée mais désunie, de redemander la vie et la richesse au particularisme ou à la forme fédérative qui seule peut assurer son bonheur et sa prospérité. Hélas! nous assistons en France à un même phénomène d'inconséquence. Nous voyons un pays dont toute la grandeur a été faite par la monarchie et qui s'obstine à chercher en dehors de la monarchie sa voie et sa régénération!

Quoi qu'il en soit et quoi qu'il advienne, le séjour de Gênes a une saveur particulière à un point de vue tout différent. Elle est la première ville italienne qui fasse pressentir la gloire artistique de cette contrée privilégiée. Bien qu'elle n'ait été à aucune époque le centre d'une école bien caractérisée ; bien qu'elle n'ait donné le jour à aucun peintre ou sculpteur en grand renom ; bien que la galerie du palais Durazzo ne renferme plus que les restes d'un musée splendide transporté à Turin, elle a merveilleusement su s'approprier le concours des hommes de talent nés chez ses rivales, et conserve encore d'incomparables chefs-d'œuvre. Le vieux Mantegna, Périno del Vaga ce charmant élève de Raphaël, Proccacini ce décorateur intrépide, Vouët, Rubens le grand coloriste, Van Dyck, Strozzi Carlone ont vécu et travaillé à Gênes, et en voyant leurs œuvres, l'étranger commence à se familiariser avec les noms de ces grandes dynasties d'artistes célèbres, qu'une course plus complète en Italie va lui apprendre à classer et à retenir.

Je me rappelle encore ce que fut pour moi en 1837 la révélation soudaine de ce monde inconnu. Outre que j'avais encore fort peu vu en ce temps-là, j'avais encore fort peu regardé. Accoutumé aux intérieurs froids et dénudés de nos grands édifices religieux du midi de la France, ces plafonds splendides, où se développaient les scènes du monde réel ou du monde idéal, me plongeaient en extase. Transporté dans une sphère où tout se mouvait et s'individualisait, les récits de l'histoire, les batailles, les héros, les drames du cœur et les fictions de la poésie ou de la fable prenaient un corps et une réalité. Je voyais se compléter les notions confuses et indéfinies que l'étude avait déposées dans mon esprit. — Les tableaux deviennent ainsi un livre et un poème. Pour en saisir l'ensemble, il suffit d'un regard. La statue sort du marbre, on l'entend penser, on la sent vivre. Oh ! la charmante jouissance que d'entrer dans ce monde de la couleur et de la lumière ! — De jour en jour on s'y reconnaît mieux. On suit les écoles, on retrouve les filiations du talent et la diversité des manières ; on se croit artiste, on sent germer en soi comme un sens nouveau.

Voilà les choses peu communes dont Gênes donne le goût et qui la recommandent à ma reconnaissance.

Une promenade matinale me remet en mémoire toutes mes impressions de jeunesse, agrandies et modifiées par mes impressions d'aujourd'hui. Je cherche sans la retrouver cette ardeur de la vingtième année qui me conduisit jadis pour la première fois dans cette grande cité, au temps où le roi Charles-Albert, petit et légitime roi de Sardaigne, y tenait annuellement en novembre sa cour modeste et animée. Mais revenir à quarante ans de distance dans une ville que l'on a habitée est une ironie et une cruelle et pénible déception. Pensif et solitaire, je cherche cette Gênes connue et hospitalière, je me promène sous ces balcons, j'interroge du regard les portes et les fenêtres de ces palais. Que sont devenus, à l'heure présente, ces hôtes bienveillants, ces femmes élégantes, cette société polie et aristocratique ? Quelle destinée ont rencontrée tous ces compagnons de mon jeune âge au milieu desquels j'entrais dans la vie ? Pressé par l'heure, je n'ai pas le loisir d'aller sonder ce mystère et je m'en applaudis. Un si grand nombre d'entre eux a disparu, un si petit groupe garde encore la mémoire d'un étranger de passage. Qui sait si je les reconnaîtrais ? Qui sait si dans leurs demeures je serais reconnu moi-même, vieilli et changé comme eux ?

La mélancolie de ces souvenirs qu'augmente une pluie lugubre et hivernale me ramène tristement vers la gare et je pars pour Rome où m'appellent des êtres vivants et des choses éternelles.

Pise, 16 décembre 1878.

Je me suis arrêté à Pise à la tombée de la nuit non pour la visiter, Pise est une vieille amie que je retrouverai à mon retour, mais pour prendre haleine et pour arriver à Rome dispos et maître de mes mouvements.

Je trouve ici une rareté qu'aucun guide ne mentionne; une chose imprévue, inouïe, incroyable, et qu'il faudrait même taire dans l'intérêt de cette station d'hiver que recherchent les malades : j'y trouve la neige! une neige drue, épaisse et désobligeante. Elle couvre d'un linceul blanc toute la campagne, enveloppe toutes les montagnes voisines, donne à l'Apennin de la ressemblance avec le Jura, et enguirlande de ses festons et de ses astragales de givre les dentelures aériennes du dôme, du Baptistère et de la tour penchée. Si la lune perçait les nuages et se montrait complaisante, ce serait un spectacle à se donner qu'une soirée dans le cloître du Campo-Santo. Evoquer toutes les ombres qui dorment dans cette terre venue de l'Orient sous ces voûtes gothiques que les maîtres de l'art ont si merveilleusement illustrées, à la double clarté de la lune et de la neige, serait fantastique. Mais à la neige se joint un bruit retentissant, c'est la foudre, ce sont les éclairs qui déchirent le ciel. La rafale fait rage, et mêle à un ouragan de décembre tout le tumulte d'un orage d'été; magnifique et inhospitalier concert qui me laisse désappointé et me donne à penser sur la vanité des réputations que l'on fait à ces climats du Midi. Comme les nôtres ils ont leurs caprices et leurs inconséquences.

Je me réfugie donc dans un hôtel nouvellement établi près de la gare : *Hôtel de la Minerve*, où je suis reçu par des camériers grelottants en tenue de bal et une statue de la déesse de la guerre et des arts, — l'art culinaire inclus, je l'espère, — qui, la lance à la main et le casque sur la tête, préside aux apprêts de mon repas. Le fumet en remplit l'atmosphère et flatte l'odorat; je commence à me rasséréner. L'hôtelier, du reste, arrive en personne pour s'excuser humblement auprès de ma Seigneurie des intempéries de la saison. Il flétrit cette neige maudite avec emphase comme un oubli involontaire des convenances et des égards dus aux *forestiers*, comme une calamité à laquelle la Révolution italienne et la décapitalisation de Florence n'est pas étrangère, et jure par Bacchus et par Minerve que pareille chose ne s'est jamais vue et ne se reverra jamais!

On ne résiste pas à de semblables arguments fortifiés par un bon souper. — Il n'y manque rien, ni le *risotto* à la milanaise, ni des bécasses tuées à Montepulciano, ni la marée de Livourne, le tout arrosé d'un vin charmant de *Chianti* qu'on nous sert dans des fiaschetti de verre fin, empaillés d'un réseau de jonc, et avec des bouchons de papier. — L'hôtelier a fait plus encore, il m'a découvert un *altro signor francese* pour me donner la réplique et dissiper mes ennuis. Nous sommes loin, on le voit, des maussades et guindées tables d'hôtes de Nice.

La rencontre de cet aimable touriste me console entièrement de mes mécomptes. C'était un Périgourdin pur sang, homme de cœur et de fond qui venait d'avaler en trois semaines et circulairement, Turin, Milan, Venise, Bologne, Ravenne, Florence, Rome, et qui, ne s'étant fait grâce ni d'une église, ni d'un théâtre, ni d'une galerie, revenait vers Gênes bourré comme une bombe et en train d'éclater. Cette débauche de musées, de palais, de cathédrales, de contrées, et de mœurs diverses l'avait singulièrement surexcité. Il mêlait un peu toutes choses, brouillait les dates et confondait les hommes et les cités, croyait avoir vu le Dante à Ferrare et le Tasse à Milan, et se mouvait en pleine extase artistique et en ivresse comme un homme qui entraîné par l'occasion s'est, sans s'en apercevoir, légèrement empanaché. Plein de verve, plein de faits, il me conte ses aventures. A mon tour je lui conte les miennes, et nous passons ainsi les heures, causant de la France et de l'Italie, des républiques de Pise et de Paris, échangeant nos impressions, nos admirations et nos cartes : lui, revenant avec regret à son labeur, — moi échappant au mien, — surexcités tous deux par nos souvenirs et nos curieuses appétences.

Cette soirée me parut charmante. Si fugitives que soient ces relations ménagées par la vie errante, si peu éprouvées qu'elles aient été par le temps, elles ont parfois un grand attrait. On passe l'un près de l'autre, arrêtés sur la même branche, comme des oiseaux changeant de climat. Pourquoi ne pas en profiter? On dit que les mœurs d'aujourd'hui n'admettent plus de conversation en voyage. C'est le ton, c'est la mode anglaise. Il vaut mieux s'ennuyer que de risquer une connaissance; on est là comme des lettres dans la même boîte, chacun sous son enveloppe, allant au même but et ignorant ce que la lettre voisine contient. — Il y a plus de profit à mon gré à dépouiller la correspondance. — Il advient souvent qu'une sympathie rapide naît de l'occasion, qu'une indication utile vous préserve d'un faux pas; chacun donne d'ailleurs de son panier ce qu'il lui plaît. On se serre la main et l'on se quitte pour ne plus se revoir, et cependant parfois pour ne pas s'oublier.

Dans tous les cas, ces quelques moments d'arrêt à l'entrecroisement des trains de l'existence font cesser l'isolement, détendent l'esprit, et reposent le corps mieux que les lits de fer hauts, larges et durs que l'on rencontre en Italie.

De Pise à Rome, 17 décembre 1878.

Quelques heures plus tard j'étais en wagon. Le temps était redevenu superbe. Sous la tiède haleine du vent du sud, la neige de la veille avait disparu et nous filions à toute vapeur en pleine Maremme.

Un paysage plat et illimité se déroulait à ma droite. A l'horizon la silhouette de l'île d'Elbe se laissait deviner dans les brumes du matin et sur ma gauche se dressaient les contreforts des Apennins boisés et couronnés de villages, dominés eux-mêmes par des cimes blanches. L'hiver était sur les monts, le printemps dans la plaine.

Tour à tour cultivée ou inondée par des torrents qui roulent avec ennui leurs flots limoneux vers la mer, — habitée ou déserte, — semée de grands pins et d'oliviers ou nue et pastorale, — la campagne surprend par la nouveauté des aspects, la diversité des cultures, celle des attelages et des demeures. C'est après Pise, en effet, que prend fin l'Italie du Nord; celle qui ressemble encore par la division des champs, le morcellement du sol, ou la variété des enclos, à l'Europe exploitée et cultivée. Il faut dire adieu pour un temps à cette flore et à cette végétation méridionale, qui de Nice à Gênes est un des enchantements et des surprises du paysage. Les orangers, les palmiers ne vivent plus ici ou n'y végètent qu'avec peine. La nature semble s'être appauvrie en élargissant le cadre du tableau. Rien de neuf ou de réparé n'attire le regard. Des cases ruinées, enveloppées de roseaux; de vieilles tours couvertes de lierre; des champs interminables où la grande culture se déploie sans bornes. Pas de jardins, encore moins d'habitations importantes, et l'homme de plus en plus rare.

Les maîtres de ces sillons ne les connaissent peut-être pas. Quelques colons abandonnés les cultivent. Les bergers et les troupeaux vêtus de la même toison ne sont les seuls habitants.

Par accidents pparait à la fenêtre d'une masure, entre deux haillons qui sèchent, un visage de jeune fille, ou la figure ridée d'une vieille femme qui se chauffe au soleil.—Laquelle des deux faut-il envier? Celle qui vivra longtemps encore, ou celle qui disparaîtra bientôt de ces lieux tristes et solitaires? — Les stations de chemins de fer se succèdent et se ressemblent. Elles sont toutes sombres, nues et pauvrement construites. Veuves de buffets et de carreaux, aucune n'inspire le désir de s'y arrêter, et toutes donnent une idée peu favorable des dividendes que les Compagnies doivent distribuer à leurs actionnaires.

Par moments la mer se montre. Par moments de grands troupeaux de cavales vous regardent passer, ou des volées d'oiseaux effarouchés, troublés dans leur solitude, s'éloignent à tire d'aile. Monotone et fatigante est cette longue journée. L'impatience d'arriver vous envahit. On regarde l'heure, on calcule la distance, et l'on trouve trop lente la marche de ce train qui file cependant, traverse les plaines, tourne les obstacles, franchit bruyamment les rivières, disparait entre les talus, ébranle les voûtes des tunnels, et ressort jetant au vent son panache tour à tour vaporeux ou enfumé.

Puis tout devient plus grave et plus triste encore. La terre revêt un caractère plus rude et plus agreste. On se rapproche de la mer, et Civitta-Vecchia est en vue. A ses murs crénelés, à ses bastions massifs on la reconnaît. C'est le port de Rome. On longe les fortifications, on court droit au rivage, et les flots viennent en mugissant déferler aux pieds de la gare elle-même. Et le train repart alerte et enfiévré!

Cette fois, c'est bien à Rome qu'il vous conduit. On le sent à l'émotion qui vous oppresse, à l'attente plus difficile à supporter, à la mélancolie des campagnes dont la nudité et la platitude n'est accidentée que par des abreuvoirs et des barrières pastorales.

Nous touchons presque à la ville papale, et rien n'en trahit encore les abords. — Exceptionnelle, et en cela semblable aux villes de l'Orient, Rome n'a ni banlieue, ni faubourgs. Elle n'est annoncée ni par des villages, ni par des jardins, ni par des habitations plus fréquentes, ni par rien de ce qui forme l'avenue naturelle de nos grandes cités. Le désert vient mourir sous ses murs Et de ce côté-là même, le Tibre sinueux et débordé prête à la physionomie des lieux une sauvage et déserte apparence.

Elle est là cependant. — Ces collines volcaniques arrondies et chenues, amoncelées sur notre gauche, nous la cachent; mais encore un effort, encore une tonne de charbon et le voile va se déchirer. En un clin d'œil, le train franchit le fleuve, et on la découvre tout entière avec ses grandes coupoles, ses tours carrées, ses collines fatiguées par l'histoire et le piétinement des hommes, assise dans la majesté et la tristesse de ses lumineux et poétiques horizons!

Alors passant entre Saint-Paul-hors-des-Murs que j'aperçois au loin dans sa solitude, et les portes de Saint-Sébastien et Paola qui percent la vieille enceinte, on longe les grands aqueducs qui traversent la campagne. — Sainte-Marie Majeure, Saint-Jean de Latran, Saint-Laurent-hors-des-Murs, m'apparaissent comme de grands vaisseaux à l'ancre.

Le train fait le tour de la ville romaine où dorment tant de débris et tant de souvenirs., ébranle en passant ces vestiges épars qui ont résisté au temps, et s'arrête enfin en gare, me jetant aux pieds des thermes de Dioclétien hors d'haleine et palpitant d'émotion. — Je suis au bout de ma route et je retrouve enfin joyeux et empressés ceux que j'aime et que je ne dois plus quitter.

Toulouse, Imp. Jouladoure.